Birgit Maier

Wie entsteht Mobbing?

GRIN Verlag

Bibliografische Information der Deutschen Nationalbibliothek:

Die Deutsche Bibliothek verzeichnet diese Publikation in der Deutschen National-
bibliografie; detaillierte bibliografische Daten sind im Internet über http://dnb.d-
nb.de/ abrufbar.

Impressum:

Copyright © 2012 GRIN Verlag GmbH
Druck und Bindung: Books on Demand GmbH, Norderstedt Germany
ISBN: 978-3-656-36959-2

Dieses Buch bei GRIN:

http://www.grin.com/de/e-book/209266/wie-entsteht-mobbing

Abschlussarbeit für das Fernstudium Psychologische Beraterin bei der Impulse Schule e.V. Wuppertal

Thema:
Wie entsteht Mobbing?

Verfasserin:
Birgit Maier

erstellt: Juni 2012

Inhaltsverzeichnis

1. Einleitung

„Gelernt habe ich, dass man jeden Menschen ernst nehmen soll. Erlebt habe ich, dass man jeden Menschen ernst nehmen muss."[1] Wolfgang J. Reuss

Mobbing – Psychoterror am Arbeitsplatz, Mobbing in der Schule, Cyber-Mobbing, Mobbing in der Partnerschaft und vieles mehr.

Ein Thema, welches vielfältige Schauplätze der realen Darstellung bietet und welches Menschen, die betroffen sind, zu Außenseitern und Einzelkämpfern werden lässt und schließlich zu Resignation, Isolierung und psychischer Erkrankung führen kann.

Menschen, die gemobbt werden, werden zu hilflosen Opfern - und die, die ihnen gegenüber seelische, verbale und nonverbale Gewalt ausüben, werden zu Tätern und Mittätern und damit zu Schuldigen im eigentlichen Sinne.

Wie entsteht Mobbing?

Diese Frage soll vor dem Hintergrund ganz normaler, kollegialer Konflikte, alltäglicher Streitigkeiten und Machtausübung kritisch beleuchtet und hinterfragt werden.

Schwerpunktmäßig möchte ich hier den Bereich „Arbeitswelt" ansprechen und auch Mobbing als gezielte Methode des Personalabbaus älterer Mitarbeiter in Betrieben erwähnen.

Im Anschluss eigene Überlegungen wie man Mobbing entgegenwirken und die Anfänge im Keim ersticken kann und auch ein kurzer Abriss über die psychischen Folgen älterer Arbeitnehmer durch betriebsbedingtes Mobbing.

---

1 Internetquelle: Zitat: Wolfgang J. Reuss/http://www.helping-headhunters.de/zitate-mobbing.html

„Im Frühjahr 1990, anlässlich einer internationalen Arbeitsschutzkonferenz in Hamburg, stellte ich der deutschen Presse erstmalig die Forschungen über Mobbing am Arbeitsplatz vor, die von skandinavischen Ländern seit längerer Zeit durchgeführt wurden" [2] - so Zitat von Heinz Leymann.

2. 1. Erläuterungen zum Begriff Mobbing

Doch Mobbing gibt es schon viel länger.
Was früher mit Unstimmigkeiten am Arbeitsplatz, Ignoranz, Demütigung einzelner Mitarbeiter und Druckausübung von Vorgesetzten gegenüber seiner Mitarbeiter über einen längeren Zeitraum statt fand, kann sich zu verheerenden, krankmachenden, psychischen Folgen für den Einzelnen entwickeln.
Wie werden normale Konflikte im Arbeitsbereich von Mobbing unterschieden?
Wann beginnt Mobbing?

Wenn man den Begriff Mobbing verwenden möchte, dann müssen negative, kommunikative Handlungen der anderen gegen eine Person über einen längeren Zeitraum (mindestens ein halbes Jahr) und mindestens einmal pro Woche stattfinden. Das Mobbingopfer wird schikaniert, gedemütigt, erhält kränkende Arbeitsaufgaben, wird ausgegrenzt, ist sexuellen Belästigungen ausgesetzt, wird beleidigt und ist somit bald in der Rolle des Unterlegenen und Außenseiters. Meist steht das Opfer allein da, denn Kollegen haben Angst selbst in die Rolle des Mobbingopfers zu kommen und machen teilweise bei den Angriffen oder Feindseligkeiten mit - aus Hilflosigkeit oder Gleichgültigkeit. So entwickelt sich eine Spirale, die zu einem unaufhaltsamen Sog nach unten wird, an dessen Ende Isolation, Kündigung und sogar Berufsunfähigkeit stehen kann.

---

2   Heinz Leymann: Mobbing – Psychoterror am Arbeitsplatz..14.Auflage, April 2002.S.16

2.2. Mobbingursachen

Gesellschaftliche Ursachen

Unser Arbeitsleben hat sich in den vergangenen Jahren einer negativen Entwicklung unterzogen, die sich auf das zwischenmenschliche Miteinander auswirkt. Andersartigkeiten von Menschen - ob das Mitarbeiter aus anderen Ländern, ältere Mitarbeiter, die nicht mehr die volle Leistung in der vorgeschriebenen Zeit erbringen sind, werden stigmatisiert. Kollegen fühlen sich belästigt und reagieren darauf. Zusätzlich ist an diesem Punkt die immer desolater werdende Arbeitsmarktlage zu erwähnen, die von Pawlowsky als Grund für die Entwicklung vom Miteinander zum Gegeneinander am Arbeitsplatz aufgezeigt wird. Er beschreibt die Auswirkungen der Angst um den Arbeitsplatz wie folgt: „Der Kollege wird zum Konkurrenten, dem man Wissen vorenthalten muss, dem man wenig Kooperationsbereitschaft, ja sogar Feindseligkeit entgegenbringt."[3] Konflikte können dadurch entstehen, die über das Maß des Normalen hinausgehen und Ursache für den Beginn eines Mobbingprozeßes sind, die auch zum Teil für Vorgesetzte im verborgenen bleiben.

Menschen messen ihrer Ich-Identität einen höheren Wert bei, als dem was sie gemeinsam haben, ihrer Wir-Identität und werden so zu Rivalen.

Betriebliche Ursachen

Starre Organisationsstrukturen, die sich in einer steilen Hierarchie manifestieren und sich durch starke Kontrolle und Fremdbestimmtheit ausdrücken, sind als wesentliche innerbetriebliche Konfliktdeterminanten anzuführen.[4] Die Arbeitssituation kann nicht mehr aktiv gestaltet werden, Belastungsgefühle und Aggressionen entstehen und verlagern sich auf eine andere Ebene des zwischenmenschlichen Bereichs. Mobbing ist somit die Folgeerscheinung davon.

---

3 Christa Kolodej: Mobbing, Psychoterror am Arbeitsplatz und seine Bewältigung. 2. Auflage, 2005. S. 55

4 Christa Kolodej: Mobbing, Psychoterror am Arbeitsplatz und seine Bewältigung. 2. Auflage, 2005. S. 57

Falsche Führungsstile in Betrieben

Nachgewiesen ist auch, dass das Führungsverhalten von Vorgesetzten eine bedeutende Rolle bei der Entstehung von Mobbing spielt.

Beim ausschließlich autoritären Führungsstil werden Verhaltensweisen und Einstellungen gefördert, die sich gegen Minderheiten richten.

Mangelnde Strukturierung, wie sie den Laissez-faire-Führungsstil kennzeichnet und die Unklarheit der Aufgabenkompetenzen führen zu Überforderung der Mitarbeiter. Es kann sich ein Konkurrenzkampf unter Kollegen entwickeln.

Daraus folgt, dass sich die Aufmerksamkeit und Konzentration von den Sachaufgaben auf die Beziehungsebene verlagert.[5] Es geht nicht mehr darum, die beste Position im Betrieb zu ergattern - sondern darum, den Kollegen als Konkurrenten auszuschalten und fertig zu machen mit unfairen Methoden.

Individuelle Ursachen

Durch die zunehmende Arbeitsbelastung und den nicht mehr zu bewältigenden Stress neigen Menschen dazu, die miteinander arbeiten müssen, sich aneinander abzureagieren. Es kommen mangelnde Ausgleichsmöglichkeiten des Stressabbaus in der Freizeit hinzu. Unbewältigte, private Probleme werden mit in den Beruf getragen und die Menschen verfügen kaum mehr über Copingstrategien. Es entstehen Aggressionen und agitiertes Verhalten, was über längere Sicht konfliktträchtig ist und sich auf einen Menschen konzentrieren kann. Es entsteht die Grundlage eines Mobbinggeschehens. Auch Neid und Frustration können Auslöser sein.

Im Sinne der Frustrations-Aggressions-Theorie ist Mobbing eine Reaktion auf Frustration, die sich nicht selbst erneuern, sondern nur durch weitere Frustration und situative Umweltreize verstärkt werden (vgl. Scherer 1979).[6]

Angst ist ein weiterer Faktor für die Entstehung des Mobbings. Begangene Fehler, werden aus Angst entdeckt zu werden, immer wieder Kollegen untergeschoben.

---

5 Christa Kolodej: Mobbing, Psychoterror am Arbeitsplatz und seine Bewältigung. 2. Auflage, 2005. S.63

6 Christa Kolodej: Mobbing, Psychoterror am Arbeitsplatz und seine Bewältigung. 2. Auflage, 2005. S. 69

Antipathien gegenüber einem Kollegen, dem man durch den Arbeitsprozess nicht ausweichen kann, bietet auch eine Grundlage für Mobbing. Die Menschen neigen dazu, andere Menschen, die ihnen unsympathisch sind, ausschließlich negativ zu sehen.

2.3. 5 Phasen des Mobbings

1. Phase: ein Konflikt entsteht und wird nicht konstruktiv gelöst.
   Mobbing entsteht oft harmlos, spitze Bemerkungen, Unverschämtheiten, Wortgefechte...der Stärkere behält die Oberhand.
2. Phase: es wird systematisch Psychoterror ausgeübt.
   Aus vereinzelten Gehässigkeiten wird systematisch Psychoterror.
   Die betroffene Person wird geschnitten und in die Isolation gedrängt.
   Die Methoden der Mobber sind vielfältig.
3. Phase: die Personalverantwortlichen reagieren.
   Die Vorgesetzten werden aufmerksam, wenn schon Folgen für den Betroffenen ersichtlich sind. Dies kann bis zu 2 Jahre dauern. Fälschlicherweise kann der Betroffene als Störenfried gesehen werden.
4. Phase: Hilfe von außen versagt.
   Falsche ärztliche/therapeutische Hilfe und juristische Schritte, die fehlschlagen verschärfen die Gesamtsituation des Gemobbten.
5. Phase: der Gemobbte wird aus der betrieblichen Gemeinschaft ausgeschlossen.
   Die Personalverantwortlichen sehen nur noch die Lösung einer Versetzung oder Kündigung oder legen dem Betreffenden nahe, selbst zu kündigen.[7]

---

7 Vgl.Internetquelle: Dr. Sabine Engel/
   http://www.uibk.ac.at/gleichbehandlung/mobbing/mobbingagi_hp.pdf

2. 4. Von den Möglichmachern

Bei den Konflikten und vor allem bei Mobbing gibt es keine unbeteiligten, neutralen Zuschauer, so gern diese Personen das auch wären.

Schon Mitte der 60er-Jahre hat die Arbeitsgruppe Paul Watzlawick (1921-2007) herausgefunden, dass man nicht nicht kommunizieren kann: Wer zuschaut und nicht reagiert, signalisiert, dass er nicht behelligt oder gar beteiligt sein will, dass es ihn nichts angehen soll, dass der Vorfall nicht so schlimm ist – kurz, er kommuniziert.

Nach Leymann wird er ein „Möglichmacher", der durch seine Passivität das Unrecht nicht nur duldet, sondern indirekt fördert, egal ob als Chef oder Kollege.[8]

Wird dann der entstehende oder schon länger laufende Prozess von Vorgesetzten erkannt, kann es sein, dass er falsch interpretiert wird und der Betroffene als „Schuldige" des Geschehens verurteilt wird. Eine weitere Demütigung und Kränkung für das Opfer.

2.5. Bossing – eine Sonderform des Mobbings

Eine Sonderform des Mobbings älterer Mitarbeiter wird Bossing genannt.

Ältere Mitarbeiter, die eine unbefristete Vollzeitstelle haben und für den Betrieb nicht mehr „rentabel" sind, möchte man am liebsten auf Kosten der Versicherungsträger oder allenfalls mit einer kleinen Abfindung loswerden, was aber von den Betroffenen meist abgelehnt wird.

Der Vorgesetzte bekommt nun den Auftrag, die Arbeitsbedingungen und das Arbeitsklima so zu „gestalten", dass der Mitarbeiter von sich aus entnervt und zermürbt kündigt. Dann ist die Stelle für zwei junge, „hungrige" Teilzeitkräfte mit befristeten Verträgen frei.[9]

So nutzt der Vorgesetzte seine Machtposition aus und fühlt sich in manchen Fällen auch noch besser. Viele halten sich dann auch noch für gute Führungskräfte mit herausragenden Charaktereigenschaften. Eine fatale Fehleinschätzung!

Mobbing durch Vorgesetzte wird oft noch später erkannt und die Machtlosigkeit des

---

8 Gerd Arentewicz, Alfred Fleissner, Dieter Struck, Mobbing. Hamburg 2009. S. 21
9 Gerd Arentewicz, Alfred Fleissner, Dieter Struck, Mobbing. Hamburg 2009. S. 22

Betroffenen ist zum Teil noch größer, da mit unter auch die Belegschaft vom Chef dazu missbraucht wird. Ein Ausweg bleibt oft nur die Versetzung oder betriebliche Kündigung, ganz zu schweigen von den daraus resultierenden seelischen Folgen.

Doch erwähnen möchte ich auch, dass es die umgekehrte Form des Bossings gibt. Mit 3% mobben Mitarbeiter ihren Chef, doch meist bleibt es im Stillen bei Rachegedanken, weil die Machtverhältnisse andere sind.

2.6. Klassisches Beispiel eines Mobbingverlaufes

Zur besseren Verdeutlichung hier ein klassisches Beispiel eines Mobbingverlaufes in gekürzter und unvollständiger Form:

Einer Gruppenleiterin wird vorgeworfen, unfreundlich zu sein und einer Mitarbeiterin ungerechtfertigt mit Kündigung gedroht zu haben. Auf einmal macht sie angeblich ständig alles falsch. Unterlagen und Akten sind von einem auf den anderen Tag verschwunden. Bei ihrem Versuch, mittels Mediation eine Klärung herbeizuführen, erfährt sie von der Personalleiterin, dass eine Vielzahl von Beschwerden gegen sie vorliege und sie sich doch überlegen möge, dass Unternehmen möglichst schnell von sich aus zu verlassen. Sie kann die Vorwürfe nicht fassen und bittet um Einblick in angebliche Beschwerdeschreiben. Mit dem Argument des Datenschutzes wird ihr das verwehrt. Es hat psychische Auswirkungen, wie Schlafstörungen, kreisende Gedanken um den Arbeitsplatz usw.. Die Gruppenleiterin lässt sich daraufhin 14 Tage krankschreiben. Nach einer Woche fühlt sich sich zunehmend so schlecht, dass ihr angeraten wird, eine Kur zu beantragen. Einen Tag, nachdem sie dies der Personalleitung mitgeteilt hat, für mehrere Wochen auszufallen, wird ihr die Kündigung zugestellt. An ihrem Arbeitsplatz wird sie fortan geschnitten. Eine befreundete Kollegin vertraute ihr an, dass jedem Mitarbeiter das gleiche mit der Kündigung angedroht wurde, der sie versuchen würde zu unterstützen ...[10] es ging noch weiter, dass die Mitarbeiterin einen Kündigungsschutzprozess angestrebt hat, in dem sie ziemlich sicher

---

10 Gerd Arentewicz, Alfred Fleissner, Dieter Struck. Mobbing. Hamburg 2209. vgl. S.45/46

Recht bekam. Aber ihrer eigenen Gesundheit zuliebe, da die Mobbingattacken im Betrieb weitergingen, sie selbst das Arbeitsverhältnis aufgelöst hat und finanzielle Einbußen in Kauf nahm.

2.7. Überlegungen, wie Mobbing entgegengewirkt werden kann

Außerordentlich wichtig ist, dass die Betroffenen nicht versuchen alleine dagegen anzugehen. Sie sollten – wenn es sich um Mobbing unter Kollegen handelt, so früh wie möglich den Vorgesetzten ins Vertrauen ziehen und ihn um Hilfe bitten oder auch gezielt einen vertrauten Kollegen ansprechen, der sie unterstützt. Gemeinsam mit dem Chef kann man überlegen, ob nicht eine Mediation oder Supervision für die Arbeitsgruppe hilfreich ist. Dann gibt es in Betrieben noch die Möglichkeit, sich an den Betriebsrat zu wenden, sich dort entsprechende Hilfe und Informationen für weiteres Vorgehen zu holen. In manchen größeren Betrieben wie Volkswagen AG gibt es Betriebsvereinbarungen vom Personalrat rausgegeben, die partnerschaftliches Verhalten am Arbeitsplatz schriftlich festlegen und die für alle Beschäftigten herausgegeben werden und zur Kenntnis genommen werden müssen (siehe Internetquelle) [11]

Die IG Metall gibt sogar einen Online-Ratgeber heraus, bei dem sich die betroffenen Mitglieder erst mal Hilfestellung holen können, ohne gleich mit dem Vorgesetzten zu sprechen. Aufklärung und Informationen in Betrieben in Form von Videos oder Vorträge zum Thema Mobbing können Präventivmaßnahmen sein oder auch – wenn schon ein Fall bekannt ist, kann der Betrieb einen Seminartag anberaumen, bei dem unter professioneller Anleitung im Team die kollegiale Beratung und Rollenspiele durchgeführt werden, um ein Bewusstsein und Sensibilität für die Geschehnisse zu schaffen. Dies geht allerdings nur, wenn die Arbeitnehmer ein bestimmtes Intelligenz- und Sprachniveau besitzen und sich dem zugänglich zeigen.

Betriebe könnten auch speziell für dieses Thema einen Mitarbeiter schulen, der Anlaufstelle für Betroffene ist, ihnen mit Rat und Tat zur Seite stehen kann und sie in weiteren Schritten z.B. Gespräch mit dem Vorgesetzten über die Vorfälle, begleiten kann, sog. Mobbing-Beauftragte.

In extremen Fällen bleibt nur die Möglichkeit rechtliche Schritte einzuleiten oder sich

---

11 vgl. http://staff-www.uni-marburg.de/~naeser/vw-mobb.htm

dem Geschehen selbst zu entziehen, um weitere Gesundheitsschäden zu vermeiden, in dem man die Arbeitsstelle wechselt.

Bei älteren Arbeitnehmern kann es zu Abfindung oder Frührente kommen: Auch auf diese Weise lässt sich der akute Konflikt beenden, ohne dass man eine wirkliche Lösung herbeiführt. Dem Opfer erscheint dieses Ende als Strafe. Und im Betrieb verschleiert es organisatorische Zustände, die dann immer wieder gleichartige Verläufe auslösen können. Für die Gesellschaft bedeutet eine solche „Personalarbeit" ungemein hohe Kosten.[12] So wird Mobbing zum legalen, vertuschbaren Geschehen unter dem Deckmantel der problematischen, wirtschaftlichen Situation, bei der die Opfer die Verlierer, nicht nur ihrer finanziellen Einkünfte, sondern auch ihrer seelischen Gesundheit sind.

2.8. Psychische Folgen älterer Mitarbeiter durch betriebsbedingtes Mobbing

Eigene Gedanken hierzu:

Ältere Mitarbeiter, die Opfer des Personalabbaus mit Hilfe Mobbings werden leiden besonders stark unter der Belastung. Schon während der Anfänge im Arbeitsleben, müssen sie mit den psychischen Folgen wie: Verlust des Selbstvertrauens, sozialer Kompetenz, Depression, Selbstzweifel, Konzentrationsstörungen bis hin zu Selbstmordgedanken fertig werden. Hinzu kommt dann die endgültige Erwerbslosigkeit, die sowieso ein großer Einschnitt/Änderung und neuer Lebensabschnitt darstellt. Die Betroffenen sind auf jeder Ebene des Menschseins: seelisch, körperlich und geistig (durch die nachlassende Vitalität und eingeschränkte Lernfähigkeit neuer fachlicher Inhalte, die immer komplizierter werden) betroffen – welches Auswirkung auf den Lebensradius (Familie, Freizeit usw.) der Betroffenen hat.

Am Ende ist das lang ersehnte Rentenalter ein Zeitabschnitt des Schreckens, der mit Mobbing am Ende des Arbeitslebens begann und mit chronischer, seelischer Erkrankung, finanziellen Einbussen und nicht mehr vorhandenem Selbstwertgefühl enden kann. Durch den Verlust der Arbeit verliert der Mensch einen wesentlichen Teil, worüber er sich selbst definiert und den Selbstwert erhalten hat. Und das Erleben der Mobbingvorfälle verstärkt die seelische negative Situation noch zusätzlich.

---

12 Heinz Leymann. Mobbing. 14. Auflage, April 2009. S. 67

3. Zusammenfassung

Wichtig ist, Mobbing in erster Linie vorzubeugen, durch Aufklärung und Sensibilisierung in der Bevölkerung und speziell in Betrieben. Vorgesetzte sollten über ausreichend Sozialkompetenz verfügen und nicht nur über Fachwissen. Sie sollten in regelmäßigen Abständen Mitarbeitergespräche führen, um aufmerksam für die Anliegen und Probleme ihrer Angestellten zu werden.

Es sollten Arbeitsbedingungen in Betrieben geschaffen werden, in denen es möglich ist, mit wenig Konkurrenzdenken den Kollegen zu achten, zu unterstützen und wertzuschätzen und in positiver Kommunikation zu bleiben. Und ein Bewusstsein geschaffen werden, welches das Wir-Gefühl stärkt und so für effektivere Ziele, mehr Arbeitsfreude und mehr Menschlichkeit beiträgt.

Supervisoren sollten zur Verfügung gestellt werden und auch von den Arbeitnehmern in Anspruch genommen werden.

Die Menschen sollten wieder lernen Konflikte sachlich anzusprechen und im Vorfeld direkt mit dem Betreffenden klären, grade im Arbeitsleben - und ehrlich sich selbst und anderen gegenüber sein. Und die Beziehungsebene nicht aus den Augen verlieren.

Klar ist, dass jede Hilfe, je früher sie einsetzt, schwere Konflikte eindämmen kann und somit Mobbing keine Chance gegeben wird.

Literaturverzeichnis

- Arentewicz, Gerd, Fleissner, Alfred, Struck Dieter: Mobbing. Hamburg 2009. Ellert & Richter Verlag

- Kodolej, Christa: Mobbing, Psychoterror am Arbeitsplatz und seine Bewältigung. 2. Auflage 2005. Facultas Verlags- und Buchhandel AG, Wien.

- Leymann, Heinz: Mobbing. Aktuell. 14. Auflage April 2009. Rowohlt Verlag.

Internetquellen

- Dr. Engel, Sabine: Publikation, Österreich
  http://www.uibk.ac.at/gleichbehandlung/mobbing/mobbingagi_hp.pdf

- Naeser, W.: Universität Marburg 2002, Personalrat – Betriebsvereinbarung
  http://staff-www.uni-marburg.de/~naeser/vw-mobb.htm